Skandinavisk papirklip
Interiør mobile

北欧の切り紙 インテリア・モビール

Jens Funder-Nielsen
Tomoko Tajiri (Work production)

池田書店

暮らしの中で
モビールを楽しむ

　わたしが、この本の著者であるイェンス・ファンダー・ニルセンさんと出会い、2006年に「ウロ」（ウロはデンマーク語でモビールという意味）という名前のネットショップを立ち上げ、デンマークの伝統工芸であるモビールの仕事をするようになってから、少しずつ少しずつ、日本でも「紙のモビール」の存在を知ってもらうことができるようになりました。また、2007年11月には、本書の姉妹編『北欧の切り紙 デンマークのかわいいモビール』を世に出すことができ、デンマークモビールを好きになった人が増えているのをとてもうれしく感じています。
　デンマークでは、室内をさりげなく飾ることが生活の一部に自然に取り入れられています。家族といっしょに過ごす時間、親しい友人を招待しいっしょに楽しむ時間……　モビールは、そんな時間にいっそう彩りを添えてくれるインテリアアイテムなのです。人びとはプライベートな時間をより美しく演出するためにモビールを作り、そしてモビールを作る時間も楽しんでいます。
　本書では、ファンダーさんの洗練されたデザインを、初めての方でも作れるようにアレンジして紹介しています。また、モビールだけではなく、切り紙のカードや置き物なども紹介しています。ゆらゆら揺れるモビールとともにお楽しみください。

田尻知子

Indhold
もくじ

モビールを作る前に ……………… 6

1章 モビールを飾る暮らし

○光あふれる窓辺に
01 花の木 ………………… 8, 9, 10
　　　作り方▶16　　型紙▶49

○家事コーナーに
02 キッチンツール ……………… 11
　　　作り方▶17　　型紙▶51

○くつろぎのスペースに
03 ラウンド・シーアニマル …… 12
　　　作り方▶18　　型紙▶53

04 ゴールデン・フィッシュ …… 13
　　　作り方▶19　　型紙▶55

○部屋と部屋の間に
05 北欧モチーフ ………………… 14
　　　作り方▶20　　型紙▶57

○スペースを分けるように
06 水玉モチーフ ………………… 15
　　　作り方▶21　　型紙▶59

2章 お祝いに贈るモビール

○結婚のお祝いに
07 つがいのふくろう …………… 22
　　　作り方▶29　　型紙▶61

08 ふたりのニッセ ……………… 24
　　　作り方▶30　　型紙▶63

○引越しのお祝いに
09 ガーデン＆ハウス …………… 25
　　　作り方▶31　　型紙▶65

○出産のお祝いに
10 くまのモビール ……………… 26
　　　作り方▶32　　型紙▶63

11 ペアのベビーカー …………… 27
　　　作り方▶33　　型紙▶67

12 くまのモビール＆カード …… 28
　　　作り方▶32　　型紙▶63

3章 記念日にモビールを飾る

○ バレンタイン・デーに
13 ハートづくし ……………… 34
　　　　　作り方▶36　　型紙▶69

○ ホワイト クリスマスに
14 雪の結晶 ……………… 38
　　　　　作り方▶42　　型紙▶71

○ クリスマス・ツリーに
15 クリスマスのオーナメント …… 40
　　　　　作り方▶43　　型紙▶73

○ 特別な日に
16 キャンドル・ホルダー ……… 44
　　　　　作り方▶45　型紙▶75,77

飾り方アレンジアイデア …… 46

型紙の使い方 …………… 48

本書の見方・使い方

1. この本で紹介したモビールは、巻末の型紙を使って、すぐに作ることができます。まずは、それを使って作ってみましょう。（一部型紙のないものがあります。）

2. 型紙とは違う色で作りたい、また、もっとたくさん作りたい、というときには、作り方ページの図を、拡大率のとおりに拡大コピーすれば作れます。白い紙にコピーしてから、色紙と重ねて切ってもよいですし、色紙に直接コピーしてもよいでしょう。

3. マークの見方

| 100%原寸使用 COPY | 115%拡大使用 COPY | 122%拡大使用 COPY | 141%拡大使用 COPY |

↑このマークは、図案をコピーして使うための拡大率を示したものです。図案を表示の％に原寸または拡大コピーすると、巻末の型紙と同じサイズのモビールを作ることができます。

 型紙 ───▶ **P49**

↑それぞれの作品には、すぐに使える型紙がついています。このマークは型紙のページを表示しています。作品によって、一部型紙がないものがあります。

 作り方 ───▶ **P16**

↑型紙のページにあるこのマークは、作り方のページを表示しています。

モビールを作る前に

モビールの材料と道具

紙
つるつるした光沢のある紙より、画用紙のような厚手の紙のほうがよいでしょう。紙の厚さの目安は官製はがき。多少厚かったり薄かったりしても大丈夫です。紙の色は、写真や型紙を参考に選んでもよいですが、好みの色の組み合わせであなただけの作品を作るのも素敵です。

カッター・はさみ
普通のカッターで大丈夫。古い刃は取り替えるなどして、よく切れる状態にしておきましょう。細工用カッターやデザインカッターなど、刃が細く、小回りがきいて、細かい模様や曲線などが切りやすいカッターもあります。
※カッターで型紙を切るときにカッターマットを使うと、テーブルや机の表面をキズつけません。
外側の輪郭など単純な線は、カッターでなくはさみで切ってもよいでしょう。

手芸用ボンド・のり
紙と糸をつないだり、紙と紙を貼り合わせるときに使います。乾くと透明になるものがモビール作りに最適。

糸
木綿の糸より、表面がなめらかなキルト用の糸がおすすめ。好みの色を選んで。

あると便利な道具

パンチ
仕上げに糸を通す穴や、模様の小さい丸を切り抜くときなどに、カッターで切るのが大変なら使うと便利です。パンチにはさまざまな種類があり、ハートや星などいろいろな模様を切り抜けるものもあるので、アレンジで使ってみてもよいでしょう。また、パンチには回転式穴開けパンチもあります。丸い穴は、この回転式穴開けパンチを使って開けると、かんたんです。（革・布などの加工用として市販されているもので、ダイヤル操作で直径2ミリから4.5ミリまで、0.5ミリ刻みに穴のサイズを変えることができて便利です。）

紙の切り方

Technique1
小さい丸や、こみいった模様を切り抜くときは、カッターの刃を少し外側に寝かせ気味にして、紙の角度を変えながら切ると、切りやすい。複雑な模様があるものは、先に模様を切り抜いてから、外側の輪郭を切るときれいに仕上がります。

Technique2
鋭い切り込みやとがったところ、細かいカーブなどは、いったんカッターを止め、紙の角度を変えてから切ると、きれいに切ることができます。

Technique3
大きいなめらかなカーブは、紙をゆっくり回しながら少しずつ切ります。途中で止めずに一度に切ったほうが、なめらかに切ることができます。外側の輪郭など、細かくないところははさみで切ってもOKです。

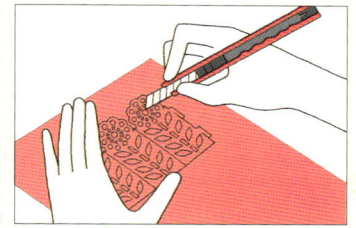 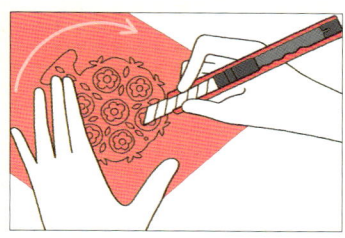 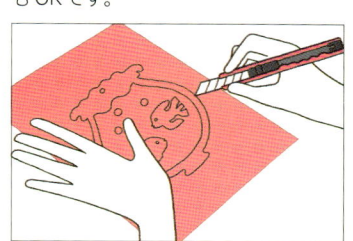

糸のつけ方・通し方

①ボンドで糸をつける
紙と紙をつなぐ部分は、ボンドを使って糸をつなぎます。ボンドを紙につけて、糸をつまようじの先などでボンドに押しつけます。しばらくそのまま置いて、乾かしましょう。

②開けた穴に糸を通す
モビールの一番上の部分につるすための穴を開けます。そこに糸を通します。糸を2本どりにして輪のほうを穴に通し、2本の糸の端を輪にくぐらせてから、先端を結びます。糸の長さは、飾る場所に応じて変えてください。

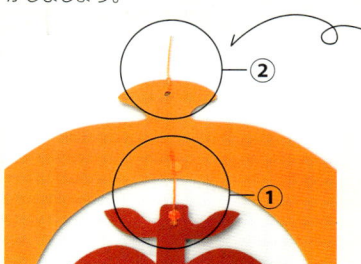 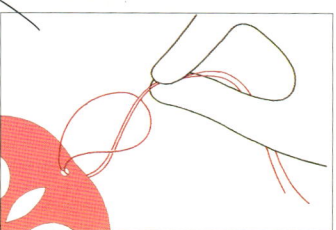

糸の輪に、2本の糸の端をくぐらせて引きしめます。

飾るときの注意

○窓辺、壁、天井などにつるしましょう。扉のない、部屋と部屋の境などにつるしても素敵です。風が強いと、落下や壊れる原因になるので注意。

○デンマークでは出窓に飾られることが多いですが、日差しの強い日本では、色があせる原因になるので、直射日光の当たる場所を避けて飾りましょう。

○また、日本は湿度が高いので、紙がしなってしまうことも。飾る場所や季節に応じて、紙を厚くしたり、2枚重ねて作ってもよいでしょう。

○この本で紹介しているモビールは、紙でできていて軽いので、画びょうや釘を打てない場所には、セロハンテープなどで留めてつるしても大丈夫です。

1章 モビールを飾る暮らし

光あふれる窓辺に

01 Træ med blomster
花の木

作り方→P16

作り方→P16
型　紙→P49

くつろぎのスペースに

03 Spiral med havdyr
ラウンド・シーアニマル

作り方→P18
型紙→P53

04 Guldfisk
ゴールデン・フィッシュ

作り方→P19
型　紙→P55

05 **Skandinaviske motiver**
北欧モチーフ

部屋と部屋の間に

作り方→P20
型紙→P57

スペースを分けるように

06 **Cirkler**
水玉モチーフ

作り方→P21
型　紙→P59

01 Træ med blomster

花の木

晴れた空にも曇り空にも似合う
優しい色の花が咲く木。
自然は北欧の人びとにとって
大切な友人です。

木と花をつなぐ糸の長さは
1cmを目安に。

115% 拡大使用 COPY

材料 ── 木（白または緑）、 花（ピンク・水色・緑・濃いピンクのいずれか）7つ

作り方 ── 切る ➡ ●をボンドと糸でつなぐ ➡ ○に穴を開け、糸を通す

Arrangement Idea アレンジアイデア
木の色を濃い色にしたり、花の色を全部違う色にしたり、濃い色から淡い色のグラデーションにしたりすると、ぜんぜん違う印象に！

Decoration Idea 飾り方アイデア
花の木は、天井から複数つるしてもかわいい。また、壁にS字フック（46ページ参照）などを使っていくつか並べると、森の中のよう。

型紙 ──➡ P49

02 Køkkengrej
キッチンツール

北欧の家庭のキッチン雑貨はおしゃれなものばかり。
食事を楽しむことが大好きな人びとならではのデザイン。

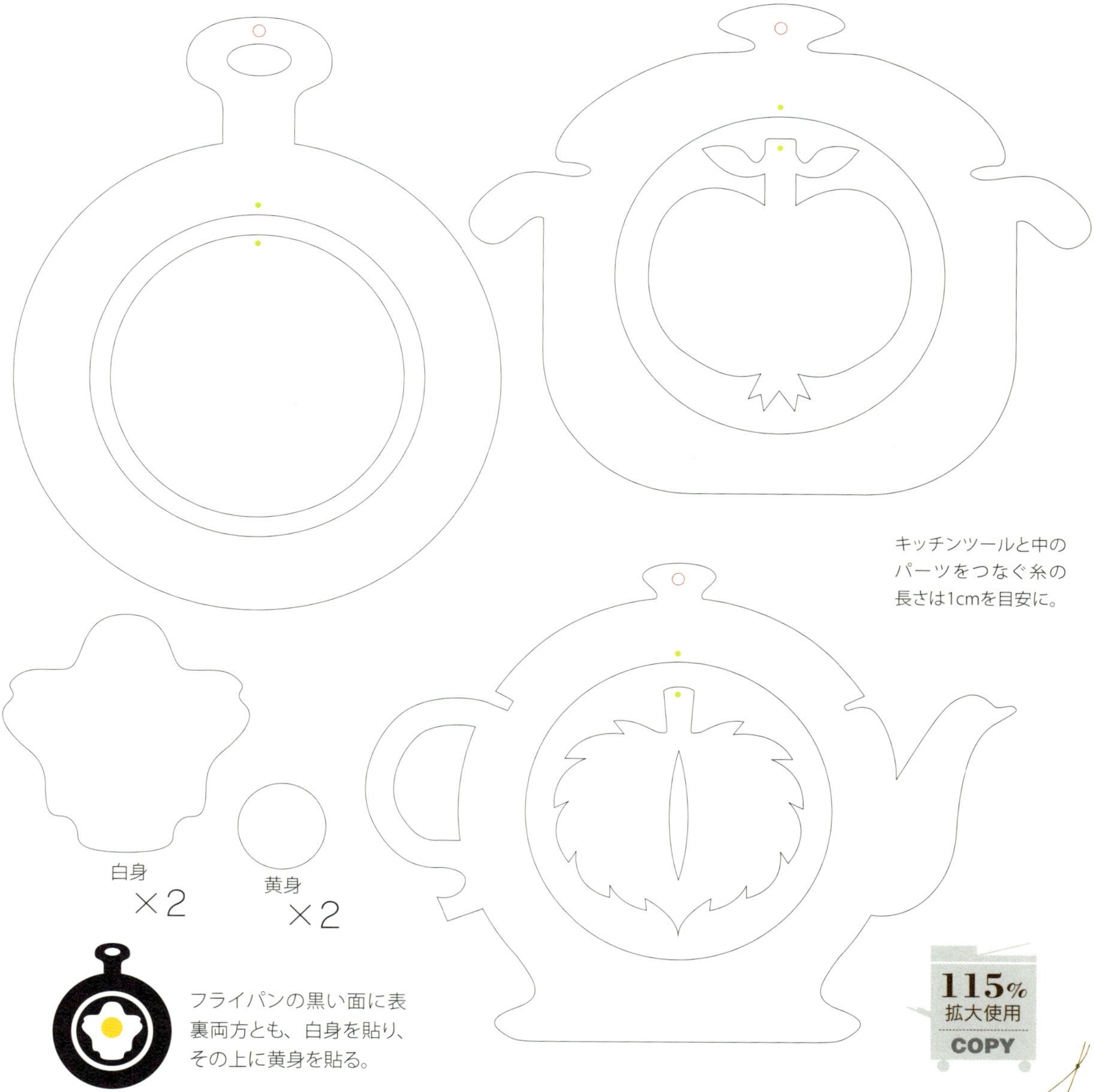

キッチンツールと中の
パーツをつなぐ糸の
長さは1cmを目安に。

白身 ×2　　黄身 ×2

フライパンの黒い面に表
裏両方とも、白身を貼り、
その上に黄身を貼る。

115%拡大使用 COPY

材料	フライパン（黒）、 目玉焼き（白・黄）各2枚、 シチューなべ（オレンジ）、りんご（赤）、ポット（ベージュ）、 お茶の葉（緑）
作り方	切る ➡ ●をボンドと糸でつなぐ ➡ ○に穴を開け、糸を通す

Arrangement Idea　アレンジアイデア

ポットやなべの色を白にして、りんごや葉っぱをパステル系の色にする、または、ビビッドな色の濃淡の組み合わせにすると、北欧雑貨らしい。

Decoration Idea　飾り方アイデア

カウンターキッチンならダイニング側に並べてつるしたり、キッチンの入り口につるしても。火のそばはあぶないのでさけて。キッチンの天井に流木をつるして、そこにかけても。（46ページ参照）

型紙 ➡ P51

03 Spiral med havdyr
ラウンド・シーアニマル

夜が長い北欧では、気に入った椅子にすわって読書したり、手作りを楽しんだり……。そんな場所に飾りたいアイテム。

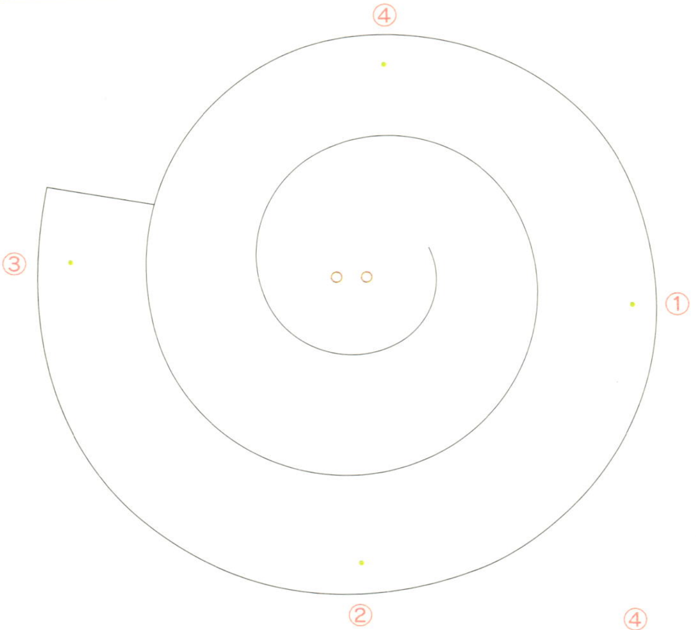

渦巻きの①②③④の●と、シーアニマルの●のところにボンドをつけて、①同士、②同士、③同士、④同士を糸でつなぐ。

シーアニマルはそれぞれ、渦巻きの四隅にバランスよくつなげる。4つのアニマルの糸の長さは変えても変えなくてもよい。写真のヒトデとタコは7〜8cm、貝は9cm、魚は22cm。

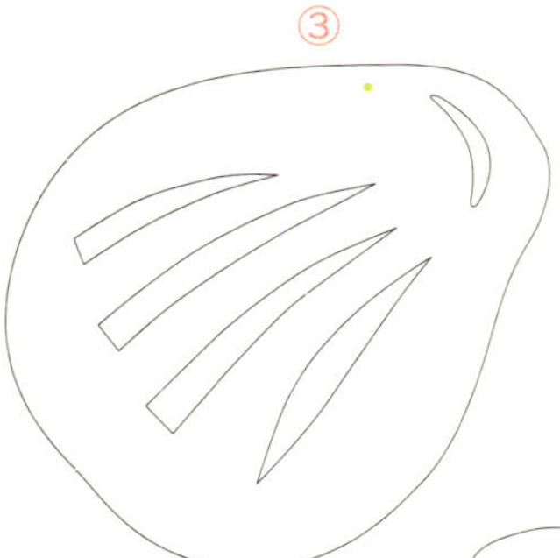

141% 拡大使用 COPY

材料	渦巻き(水色)、タコ(薄紫)、ヒトデ(オレンジ)、貝(藤紫)、魚(黄)
作り方	切る ➡ ●をボンドと糸でつなぐ ➡ ○に穴を開け、糸を通す

Arrangement Idea　アレンジアイデア

海の中の生き物たちを全部ブルー系の濃淡で作るのも涼しげ。オレンジと黄色で作ると南の島風に。または、魚だけ、貝だけ、タコだけ、ヒトデだけで作るなんていうのもキュート。

Decoration Idea　飾り方アイデア

パーツを渦巻きにつなぐのではなく、天井から渡したブルーのひもなどにつるしてみると、海の中のイメージに。

型紙 ➡ P53

04 Guldfisk
ゴールデン・フィッシュ

書斎スペースも、家で過ごすのにはとても大切にしたい空間。
仕事や勉強に疲れたら、ゆらゆらモビールでリラックスします。

100%原寸使用 COPY

水槽と泡をつなぐ糸の長さは3cm、水槽と魚とは5〜8cmを目安に。

材料	水槽(白)、 魚(赤)2つ、 水の泡(青)3つ
作り方	切る ➡ ●をボンドと糸でつなぐ ➡ ○に穴を開け、糸を通す

Arrangement Idea アレンジアイデア
魚の色や大きさ、泡の数や大きさを変えても楽しい。魚は黄色やオレンジ、鮮やかな青などにすると、熱帯の魚みたいに!

Decoration Idea 飾り方アイデア
麻のひもを壁のコーナーにかける、または部屋全体に渡すなどし、そこに魚をたくさんつるすとかわいい。(46ページ参照)

型紙 ➡ **P55**

05 Skandinaviske motiver

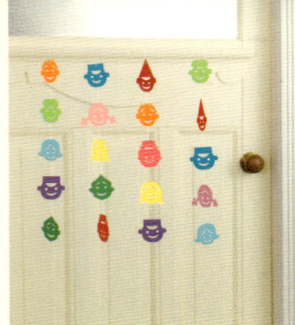

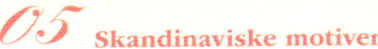

北欧モチーフ

ドアの前や開け放した部屋と部屋の間のスペースなど、
ちょっとコーナーを分けたいときに使いたい、
顔の模様がキュートなインテリア。
日本ののれんを連想させます。

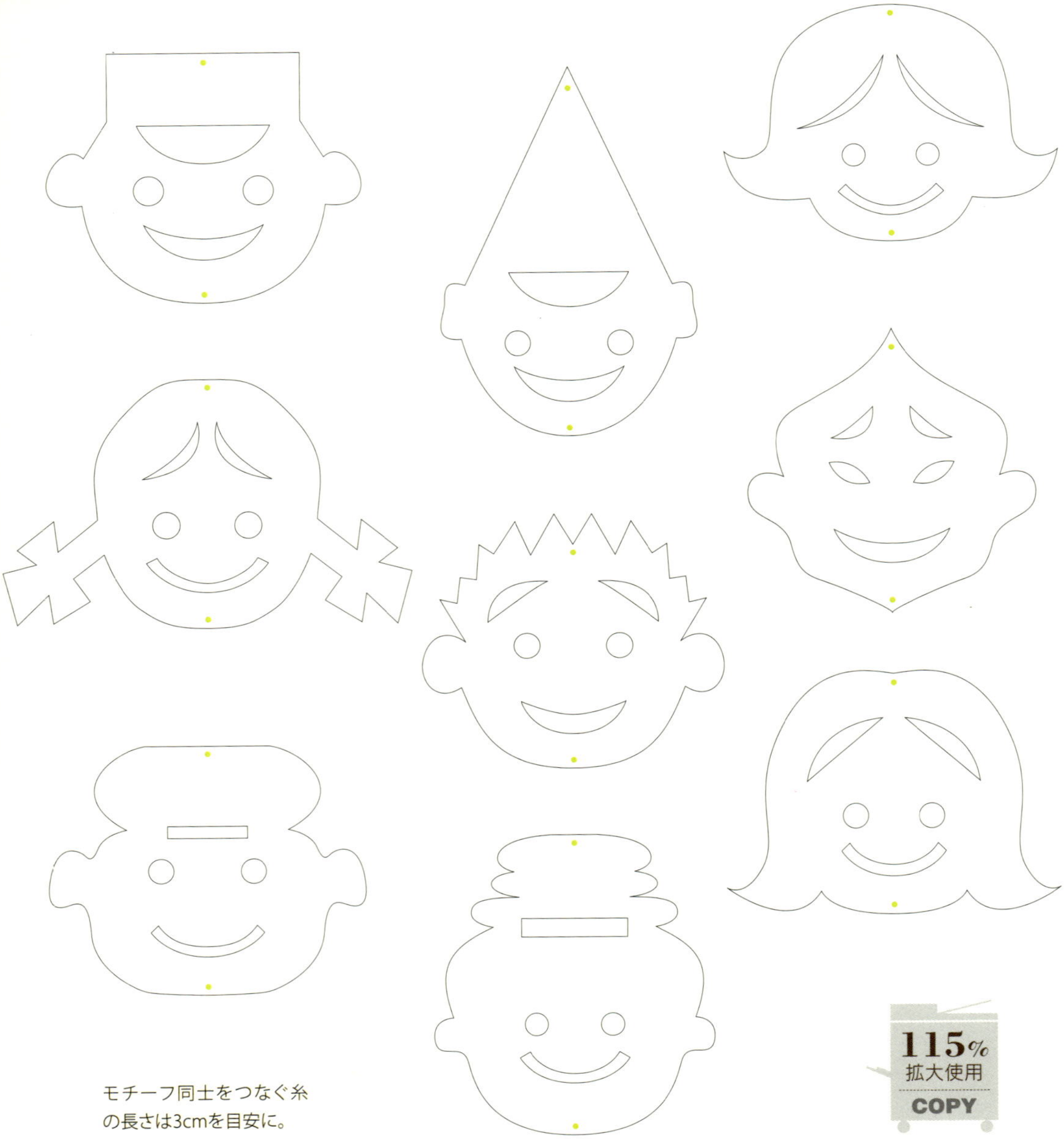

モチーフ同士をつなぐ糸
の長さは3cmを目安に。

115%
拡大使用
COPY

材料	顔9種類（各色）全部で20個
作り方	切る ➡ ●をボンドと糸でつなぐ ➡ 一番上のモチーフに穴を開け、糸を通す

Arrangement Idea アレンジアイデア

全部、黒で作ると、シックな印象になります。1列ごとに色を変えて作ると元気な印象に。また、2色を1列ずつ互い違いにする、1列の中で2色を互い違いにする、など、色の組み合わせは無限に。

Decoration Idea 飾り方アイデア

つなげずに1つずつに糸を通して、天井近くの出っ張りなどに、並べてたくさんつるすとかわいい。または糸を通さずに壁に直接貼っても。

型紙 ——→ P57

06 Cirkler
水玉モチーフ

ボリュームがあるモビールなので、
ちょっとした目隠しにもなるアイテム。
レトロなライトのようにも見えます。

Large size ×2

115% 拡大使用 COPY

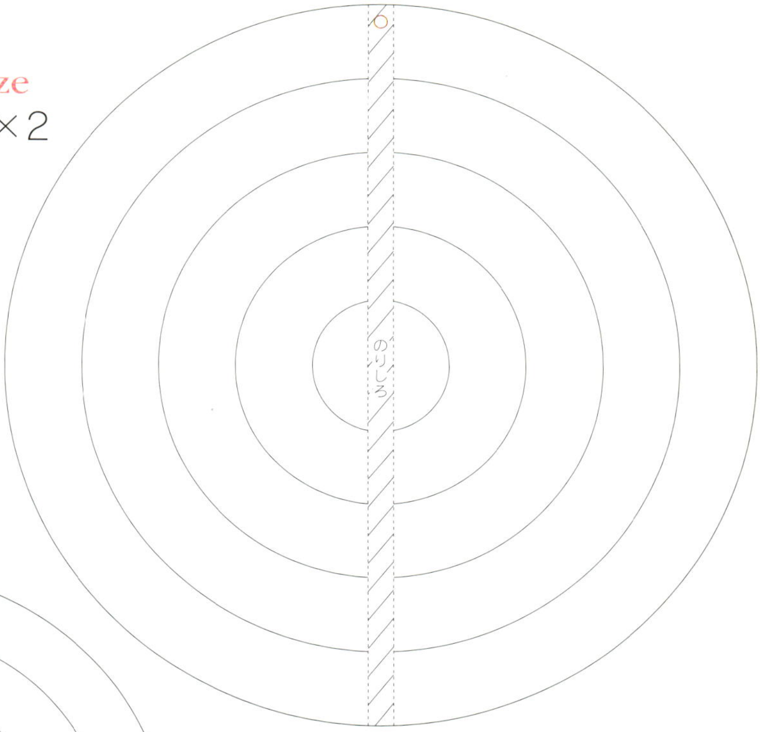

Small size ×2

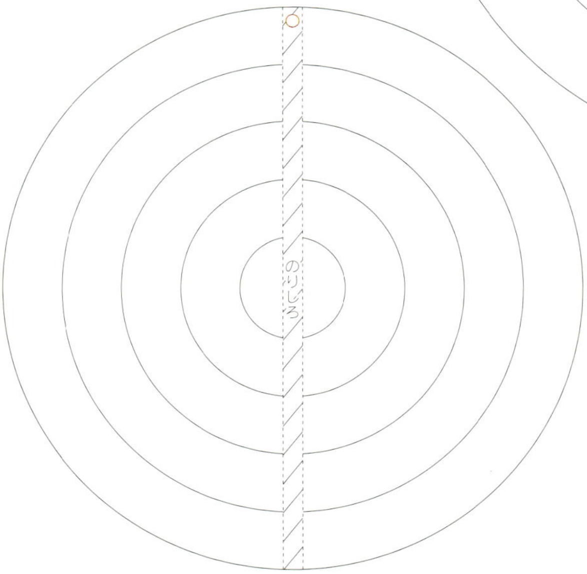

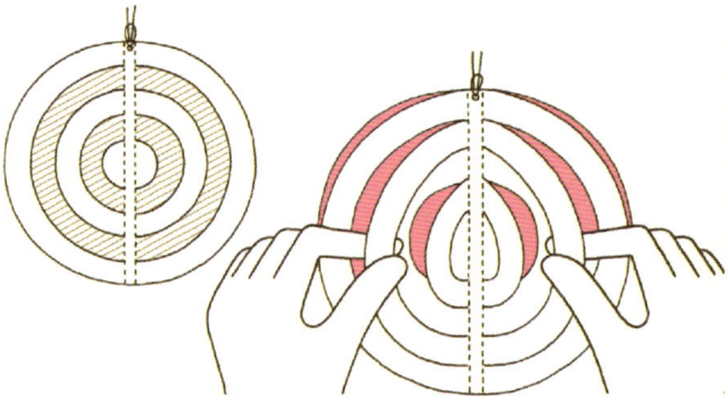

□の部分を手前に折り曲げると立体的になる。

材料	大きい水玉(ピンクと白、または水色と白)各2枚 小さい水玉(ピンクと白、または水色と白)各2枚
作り方	全体と実線のところを切る ➡ のりしろにのりづけし、2枚を貼り合わせる ➡ ○に穴を開け、糸を通す

Arrangement Idea アレンジアイデア
白との組み合わせではなく、色の濃淡でも。思い切って反対色などを使ってカラフルにすると元気な印象に。また、切り込みの幅をもっと細くすると繊細な感じになります。

Decoration Idea 飾り方アイデア
天井や廊下のライトを挟んで2つ飾ってみると、これもライトのひとつみたい。流行のシャンデリアのかわりにもなりそう。(47ページ参照)

型紙 ➡ P59

2章 お祝いに贈るモビール

結婚のお祝いに

01 **Ugle par**
つがいのふくろう

作り方→P29
型 紙→P61

23

結婚のお祝いに

08 **Nisser**
ふたりのニッセ

作り方→P30
型 紙→P63

引越しのお祝いに

09
Drivhus
ガーデン＆ハウス

作り方→P31
型　紙→P65

出産のお祝いに

Bamse uro
くまのモビール

作り方→P32
型 紙→P63

11 Barnevogne
ペアのベビーカー

作り方→P33
型紙→P67

出産のお祝いに

12
Bamse kort
くまのモビール&カード

作り方→P32

07 Ugle par
つがいのふくろう

ヨーロッパでは、ふくろうはしあわせを運んでくる動物だといわれています。結婚したふたりに贈るちょっと気の利いた贈り物です。

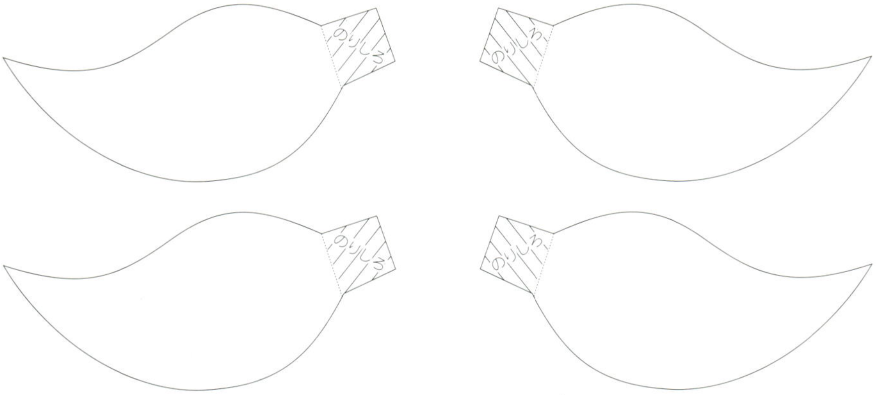

115% 拡大使用 COPY

材料 ふくろう（赤紫またはベージュ）、羽（ピンクまたは白）4つ

作り方 切る ➡ ○に穴を開け、糸を通す ➡ 羽をつける

Arrangement Idea アレンジアイデア
羽の色は同色でもいい。自分でアレンジして、だ円の枠を四角くしてみたり、ふくろうの顔を同じにしてみたりすると、オリジナル感も！

Decoration Idea 飾り方アイデア
しあわせを呼ぶように、たくさん作って部屋のあちこちに飾るととてもかわいい。ドアノブや、ガラスのドアの前にオーナメントのようにしても愛らしい。

型紙 ➡ **P61**

08 Nisser
ふたりのニッセ

北欧で昔から愛されている、妖精ニッセ。
男女のニッセと家のモチーフは、
しあわせな家族に見えます。

3つの丸い枠同士をつなぐ糸の長さは、2～3cmを目安に。

材料	男の子（黒）、 女の子（赤）、 家（茶）
作り方	切る ➡ ●をボンドと糸でつなぐ ➡ ○に穴を開け、糸を通す

Arrangement Idea アレンジアイデア
それぞれを、違う色で2枚作って貼り合わせると、裏返ったときに、違う色が見えて楽しい。シンメトリーな図案なので、ニッセや家の真ん中にのりしろを作り、2枚重ねの作品にもできる。（37ページのハート・42ページの雪の結晶、それぞれの作り方を参照）

Decoration Idea 飾り方アイデア
3つのモチーフのつなぐ順番を変えると違う印象になる。また、モビールとして使うだけでなく、糸でつながずに、しおりのように本やカードに挟んでもおしゃれ。

型紙 ➡ **P63**

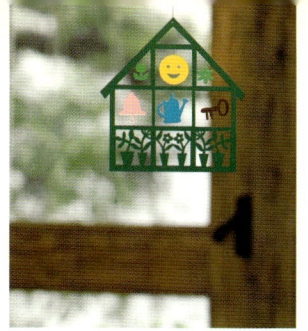

09 Drivhus

ガーデン＆ハウス

庭いじりや植物を育てるなど、自然に接することは、
人を癒してくれるといわれます。
北欧の人びとは、上手に自分を癒しているのかもしれません。

115%
拡大使用
COPY

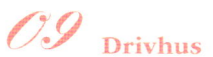

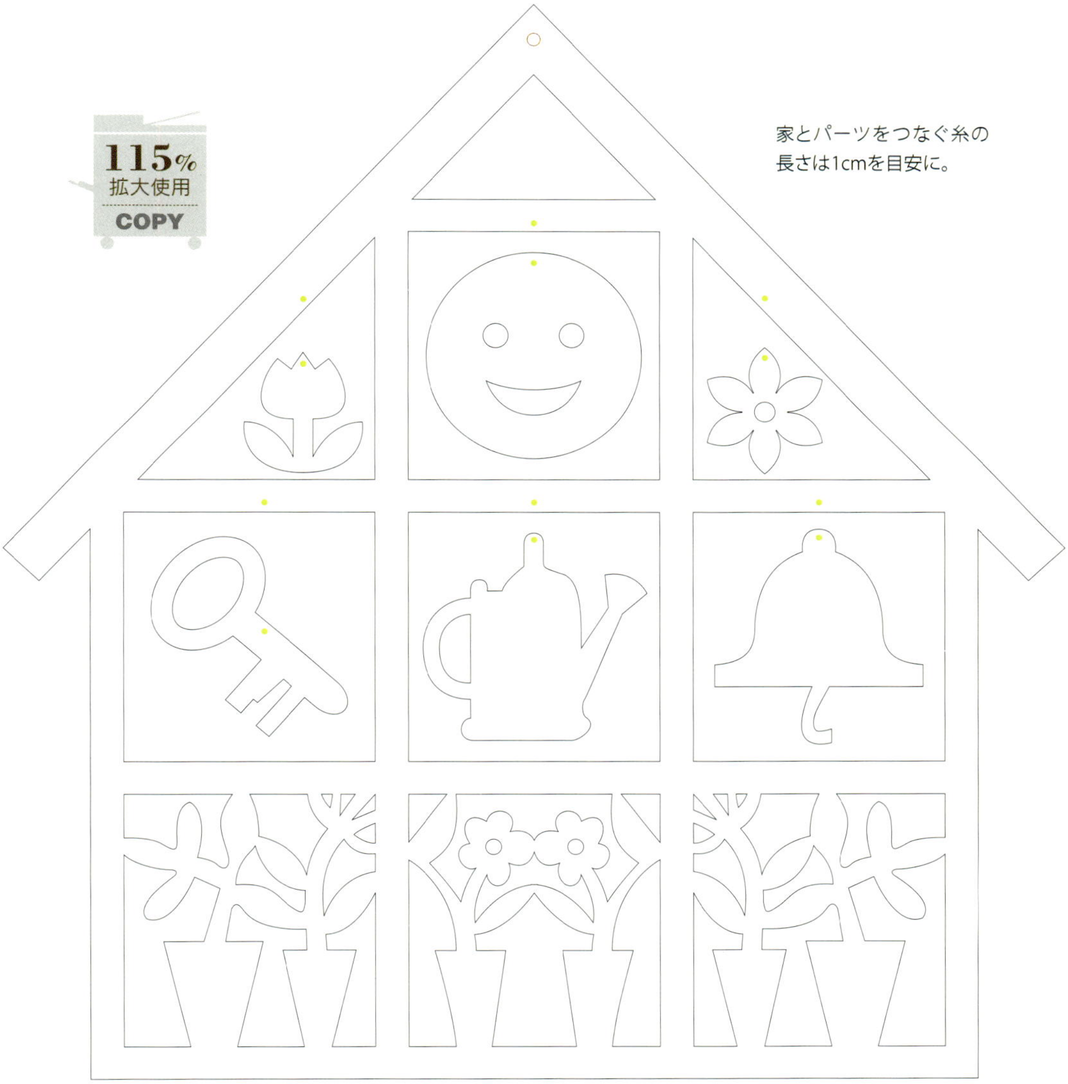

家とパーツをつなぐ糸の
長さは1cmを目安に。

材料　家（緑）、太陽（黄）、花（黄緑）2種、じょうろ（青）、ベル（ピンク）、かぎ（茶）

作り方　切る ➡ ●をボンドと糸でつなぐ ➡ ○に穴を開け、糸を通す

Arrangement Idea アレンジアイデア
枠の色によって雰囲気ががらっと変わります。また、中のパーツを1色でそろえると、大人っぽい印象に。

Decoration Idea 飾り方アイデア
春夏秋冬、それぞれの季節のイメージで色を変えて4つ作る。季節ごとに窓辺につけかえると素敵。模様がえにもひと役かってくれる。

型紙 ——→ P65

10.12　Bamse kort
くまのモビール＆カード

赤ちゃんが生まれたお祝いに、また、小さな子どもの誕生日などにも、モビールをアレンジした手作りカードで喜びの気持ちを贈ります。

※カードは巻末に型紙がありません。

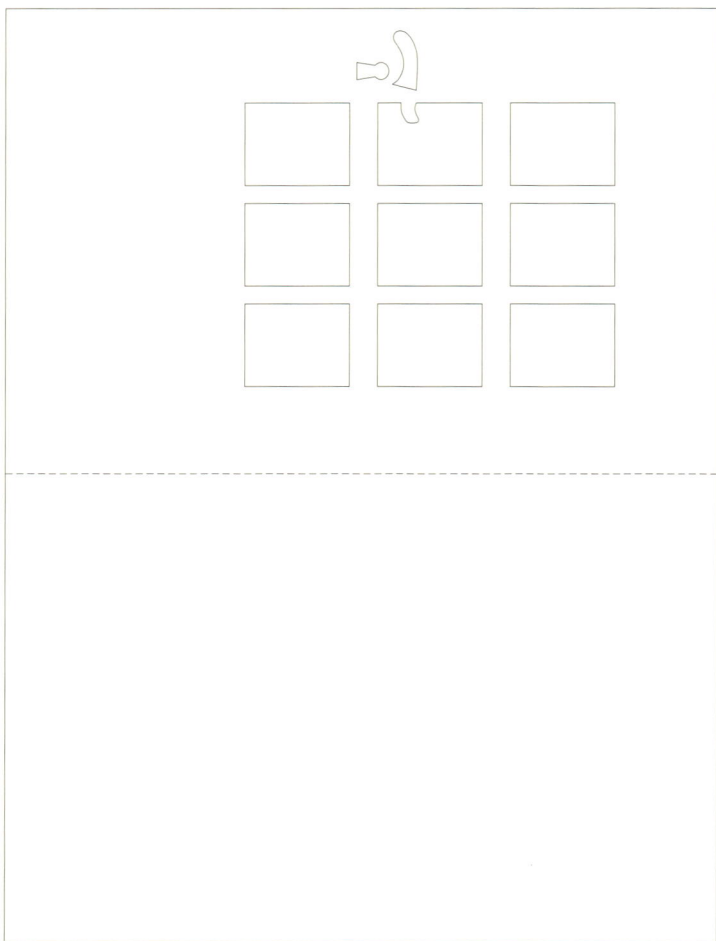

くまのモビールをカードに挟むときは、糸を通さなくてもよい。

くまをモビールにするときは、くまとくまをつなぐ糸の長さは5〜6cmを目安に。

141%拡大使用 COPY

材料	くま（えんじ・緑・茶のいずれか）、　カード（ピンク・水色・黄のいずれか）
作り方	くまのモビール：　切る　➡　●をボンドと糸でつなぐ ベアー＆カード：　それぞれを切る　➡　くまをカードに挟む

Arrangement Idea アレンジアイデア　図案の拡大率を変えて、くまを小さくすることもできる。親子になるように大小のバランスを自由に考え、3人分作るととてもかわいい。

Decoration Idea 飾り方アイデア

つるしてもカードに挟んでもいいように、穴を開けて、写真のように糸は結ばずに、くまをカードに挟んでプレゼント。モビールの分として、くまを余分にもう1匹作っても。

型紙 ➡ P63

11 Barnevogne
ペアのベビーカー

デンマークの家では、赤ちゃんのために、
こんなおもちゃを天井からつるします。
ゆらゆら揺れるおもちゃで赤ちゃんもごきげんです。

車をお人形と入れかえると、男の子用のベビーカーになります。

ベビーカーとパーツをつなぐ糸の長さは1cmを目安に。

122%拡大使用 COPY

材料	ベビーカー（ピンクまたは水色）、くまの顔（黄）、おもちゃ（オレンジ、黄緑）、車（濃水色）または人形（淡ピンク）
作り方	切る ➡ ●をボンドと糸でつなぐ ➡ ○に穴を開け、糸を通す

Arrangement Idea アレンジアイデア
中のパーツはオリジナルでデザインしてみても。●▲■の積み木や、サッカーボール、バッグ、帽子、Tシャツ、くつ下、カップなど、子どもの使うものや身につけるものなどをヒントに。

Decoration Idea 飾り方アイデア
赤ちゃん用なら、ベビーベッドの上につるして。写真のようにふたつつるすと、風に揺れたらメリーゴーランドのように。竹ひご（47ページ参照）を使っても。

型紙 ➡ P67

3章 記念日にモビールを飾る

バレンタイン・デーに

13 Hjerter
ハートづくし

作り方→P36
型 紙→P69

13 Hjerter

ハートづくし

デンマークの人びとは
ハートのモチーフが大好き。
チョコレートといっしょに、
こんな楽しい飾りつけを楽しみましょう。

115%拡大使用 COPY

材料　大きいハート（赤または白）、小さいハート（赤または白）

作り方　全体と実線のところを切る ➡ ●をボンドと糸でつなぐ ➡ ○に穴を開け、糸を通す

型紙 ───➡ **P69**

36　3章 記念日にモビールを飾る

※立体のハートは巻末に型紙がありません。

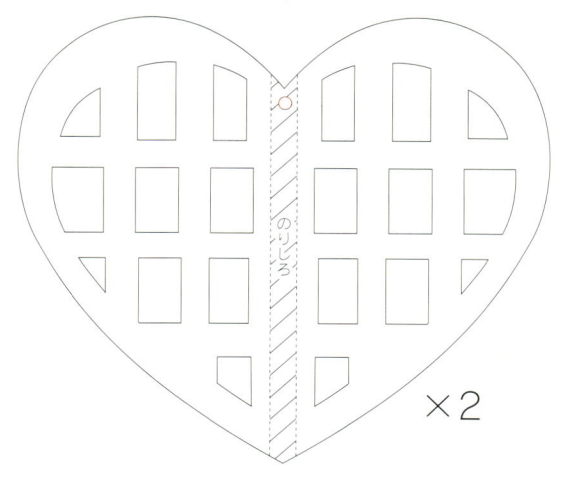

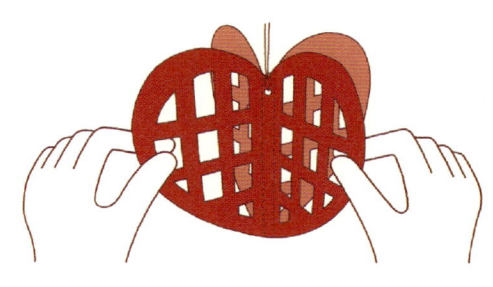

×2

それぞれ90度の角度になるように、2枚を折り曲げる。

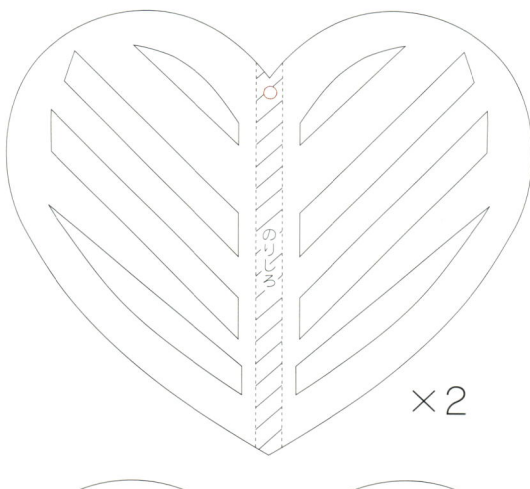

×2

Column

雑貨店などでよく見かけるしゃれた飾りつけは、つっぱり棒のようなポールやワイヤーなどを使っている。つっぱり棒は釘を打たないでもつけられて便利。ワイヤーは天井だと釘を打たないとつるしにくいが、自由に形を変えられたりしてかわいい。フックなどを利用してワイヤーをかけてもよい。

×2

115% 拡大使用 COPY

材　料	立体のハート（赤または白）各2枚
作り方	全体と実線のところを切る　➡　のりしろにのりづけし、2枚を貼り合わせる ➡　○に穴を開け、糸を通す

Arrangement Idea アレンジアイデア　中を細かく切り抜かずに、ハートの輪郭だけにしてもかわいい。図案よりさらに小さなハートを作るなら、まったく中を切り抜かないハートでも。

Decoration Idea 飾り方アイデア

赤い毛糸を壁または天井に渡す。両端だけでなく、途中をいくつかピンで留めてたるませ、糸を通したモビールをたるませた部分に複数つるす。ハートの世界が広がって、しあわせいっぱいな気持ちに。ほかに、ハンガーなどにかけてもかわいい。（46ページ参照）

37

ホワイトクリスマスに

38　3章 記念日にモビールを飾る

14 **Iskrystaller**
雪の結晶

作り方→P42
型　紙→P71

15 Julepynt
クリスマスのオーナメント

クリスマス・ツリーに

作り方→P43
型 紙→P73

3章 記念日にモビールを飾る

41

15 Iskrystaller

雪の結晶

北欧のクリスマスは雪が静かに降り、
一面の銀世界になります。
家の中で雪景色を楽しみながら過ごします。

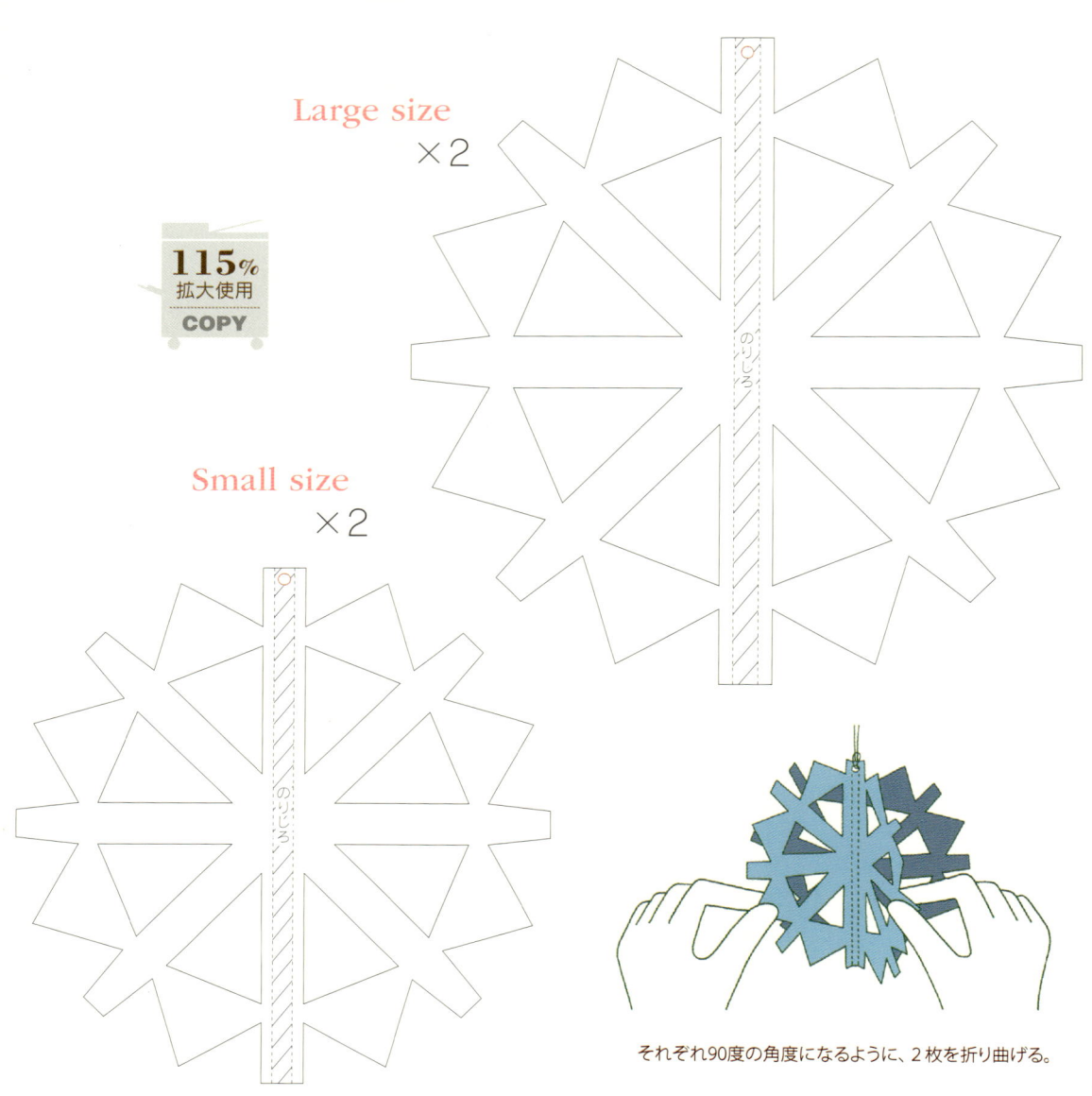

Large size ×2

115% 拡大使用 COPY

Small size ×2

のりしろ

それぞれ90度の角度になるように、2枚を折り曲げる。

材料	結晶（白または水色）各2枚
作り方	全体と実線のところを切る ➡ のりしろにのりづけし、2枚を貼り合わせる ➡ ○に穴を開け、糸を通す

Arrangement Idea アレンジアイデア
2枚を貼り合わせるときに、少し上下にずらして貼り合わせてみると、微妙にずれた感じがかえっておしゃれに。また、小さめに作っていくつかつなげてもかわいい。

Decoration Idea 飾り方アイデア
大きいほうは、ひとつだけを玄関先や階段などに飾るとインテリアのポイントに。また小さいほうなら、複数を天井などの出っ張った部分に等間隔に並べるとかわいい。

型紙 ➡ **P71**

15 Julepynt
クリスマスのオーナメント

ヨーロッパのクリスマスは家族で
静かにお祝いします。
子どもたちは、サンタクロースを
楽しみに待っています。

オーナメントの糸の長さは
3〜4cmを目安に。

100% 原寸使用 COPY

材料	星（黄）、 ベル（オレンジまたは黄緑）、 トナカイ（茶またはピンク）、 サンタの帽子（赤またはオレンジ）、 サンタのブーツ（赤または黄）、 雪だるま（水色の濃淡）、 モミの木（緑の濃淡）
作り方	切る ➡ ○に穴を開け、糸を通す

Arrangement Idea アレンジアイデア
このほかに、クリスマスケーキ、デッキキャンディー、キャンドル、プレゼントの包み、ハリネズミなど、クリスマスらしいアイテムを足してもかわいい。

Decoration Idea 飾り方アイデア
ツリーに飾るだけでなく、壁にピンで留めた毛糸や、枯れ枝、流木などにたくさんつるしてもかわいい。（46、47ページ参照）
また、廊下にひとつずつピンで留めると、壁にかかった一枚の絵のようにも。

型紙 ➡ P73

特別な日に

作り方→P45
型　紙→P75.77

16 **Lysestage**
キャンドル・ホルダー

44　3章 記念日にモビールを飾る

16 Lysestage

キャンドル・ホルダー

北欧では、夕暮れになると、電灯ではなくろうそくの明かりをともします。あたたかい光が、夕食のテーブルを美しく見せてくれます。

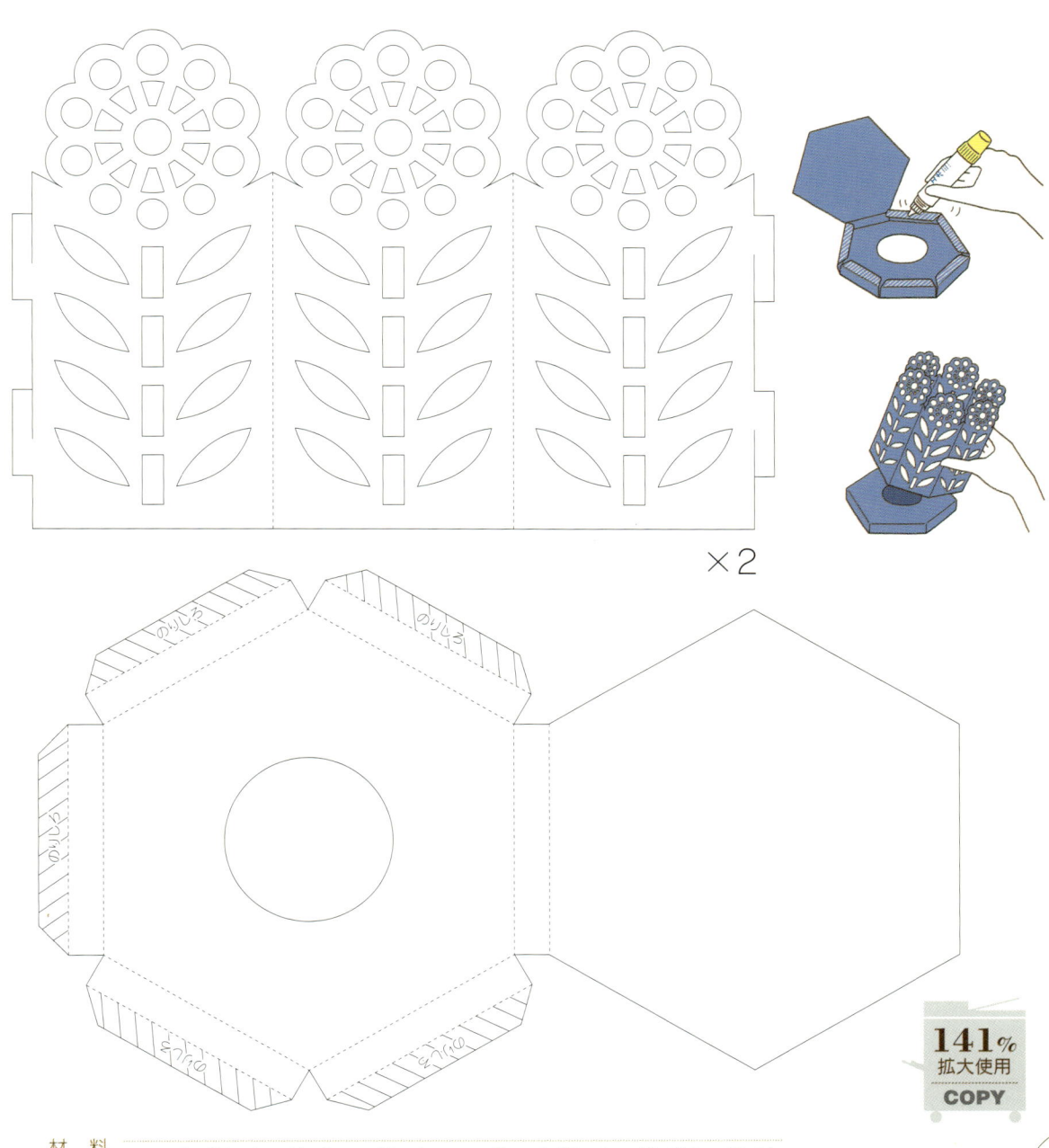

×2

141% 拡大使用 COPY

材料	ホルダー（緑・オレンジ・紫のいずれか）、ホルダーの底（緑・オレンジ・紫のいずれか）
作り方	切る ➡ ホルダーは、切り込み部分を互いに差し込んで2枚を組み合わせる ➡ 底の部分を組み立て、のりしろにのりづけする ➡ ホルダーを上からかぶせ、セットする
Arrangement Idea アレンジアイデア	オリジナルのすかし模様を考えるのなら、模様はある程度細いほうが、ろうそくの光がきれいに見える。四角形や八角形にもアレンジできる。

Decoration Idea 飾り方アイデア

だれかを招待したときのディナーのテーブル、ベッドサイドやチェストの上などにも。底がないとキャンドルが動いてしまうこともあるので、火には注意して。

型紙 ➡ P75, 77

飾り方アレンジアイデア

ハンガーにかける

かわいい木製のハンガーをひとつ用意して。ただ壁にかけるより、ゆらゆら度が増してかわいい！ ひとつよりいくつかかけるほうがかわいさもアップ！

流木や枯れ枝を使う

枯れ枝や流木が1本あれば、こんなおしゃれな自然派の飾り方が。天井に釘を打って、麻のひもやロープなどで枝を天井からつるし、そこにモビールをかければ、ちょっとしたアート。

フックやS字フックにかける

壁につけられるフックや、フックにひっかけたS字フックなども、せまい場所でモビールを飾るのに最適。S字フックをカーテンレールなどにかけても案外かわいい。

麻などのひもにかける

壁に打ったピンに麻のひもを渡しています。ひもの素材や色を変えて、楽しんでみて。小さなコーナーなどを利用して、かわいく飾ってみましょう。

せっかくかわいいモビールを作ったのに、いったいどこに飾ったらいいの？
外国の家のような素敵な出窓もないし、天井は高くて手が届かない………。
そんな悩みを解消する、ちょっとしたモビールの飾り方アイデアを紹介します。

竹ひごなどを使う
竹ひごや発泡スチロールの棒を使って、やじろべえの形にしてみると、壁でもゆらゆら度が増します。

毛糸などにかける
麻ひもと同じ考え方で毛糸にかけてもかわいい！　図のように、途中をピンで留めるとモビールをかけやすい。

フロアスタンドにかける
大きなフロアスタンドのほうが似合うけれど、なければ部屋の大きめなライトのひもにつないでみて。

出っ張った場所につるす
マンションによくある天井の梁やカウンターキッチンなど家の中のどこか出っ張った場所はモビールを飾るのにぴったり！

ガラスのない棚に飾る
ガラスのない戸棚や本棚で背の高いものがあれば、飾りやすい。やや上の段にかけて。

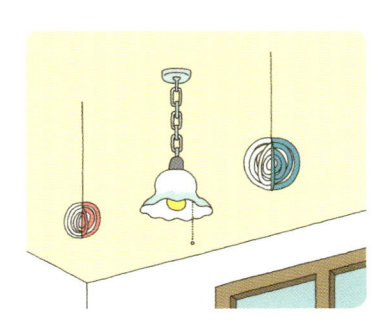

天井のライトの隣に飾る
天井にあるライトを挟むようにして飾るとおしゃれ。ちょっとレトロな感じのライトにしてみると、なお素敵！

ドアのない場所につるす
部屋と部屋の間を開けて生活しているのなら、そこを利用して、のれんのようにモビールを飾ってみて。

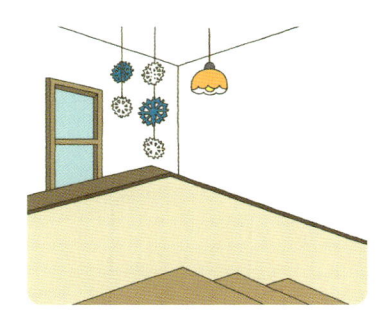

階段の上に飾る
もし家に階段があれば、1階からも見える、2階にあがったところの天井に飾ると、両方から楽しめて素敵。

型紙の使い方

この本で紹介しているモビールの型紙を用意しました。
このまま切って使える便利な型紙なので、
気に入った作品をいますぐ作ってお部屋に飾れます。
カッターの線が、多少型紙の線からずれても、
飾ってしまえばまったく気になりません。
大らかな気持ちで、
あなただけの素敵な作品を作ってください。

6～7ページとそれぞれのモビールの作り方ページを参考に、作ってみましょう。
型紙の色は、印刷の都合上、写真で紹介した作品と多少異なります。

作り方 → **P16**

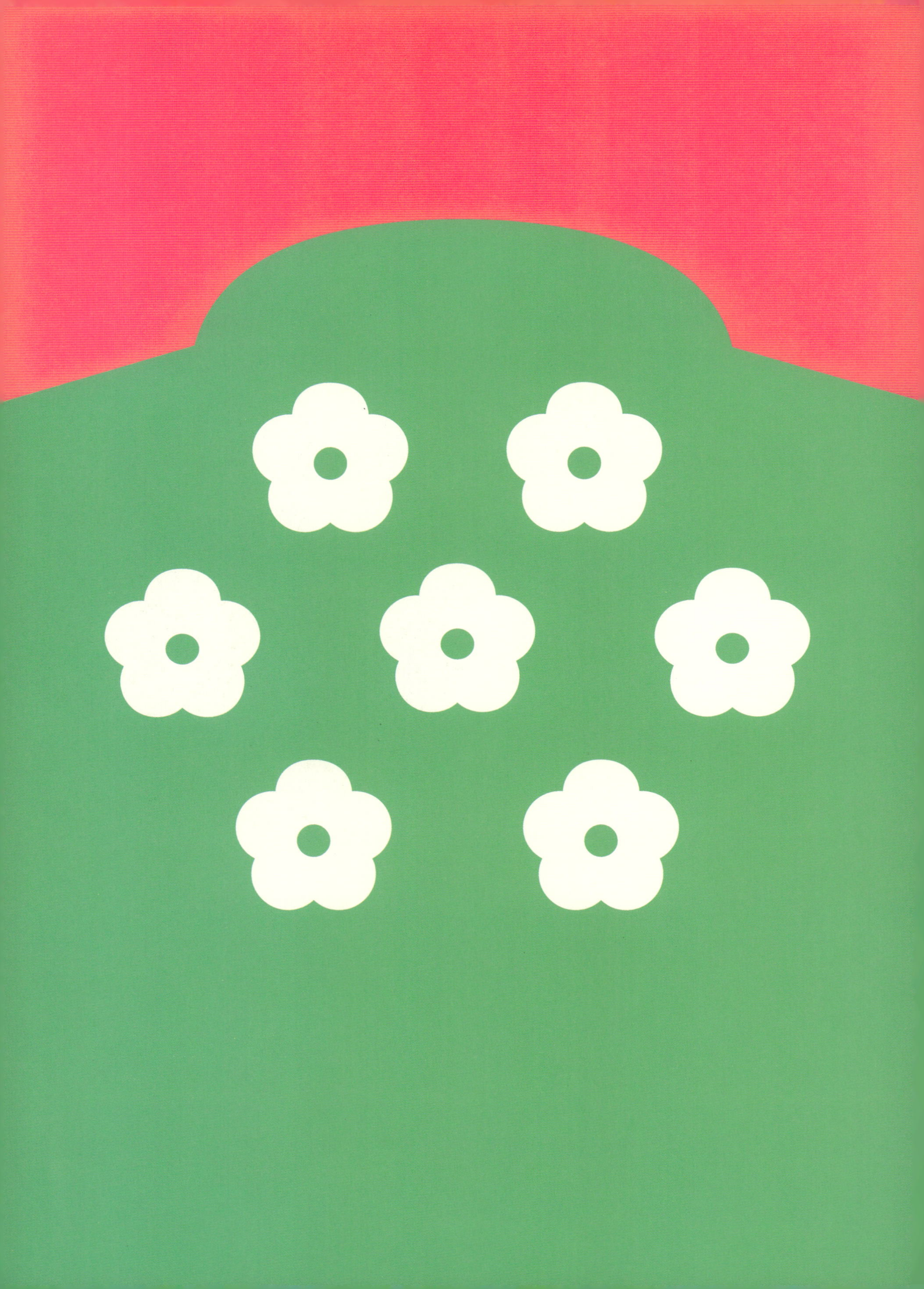

作り方 ——▶ **P17**

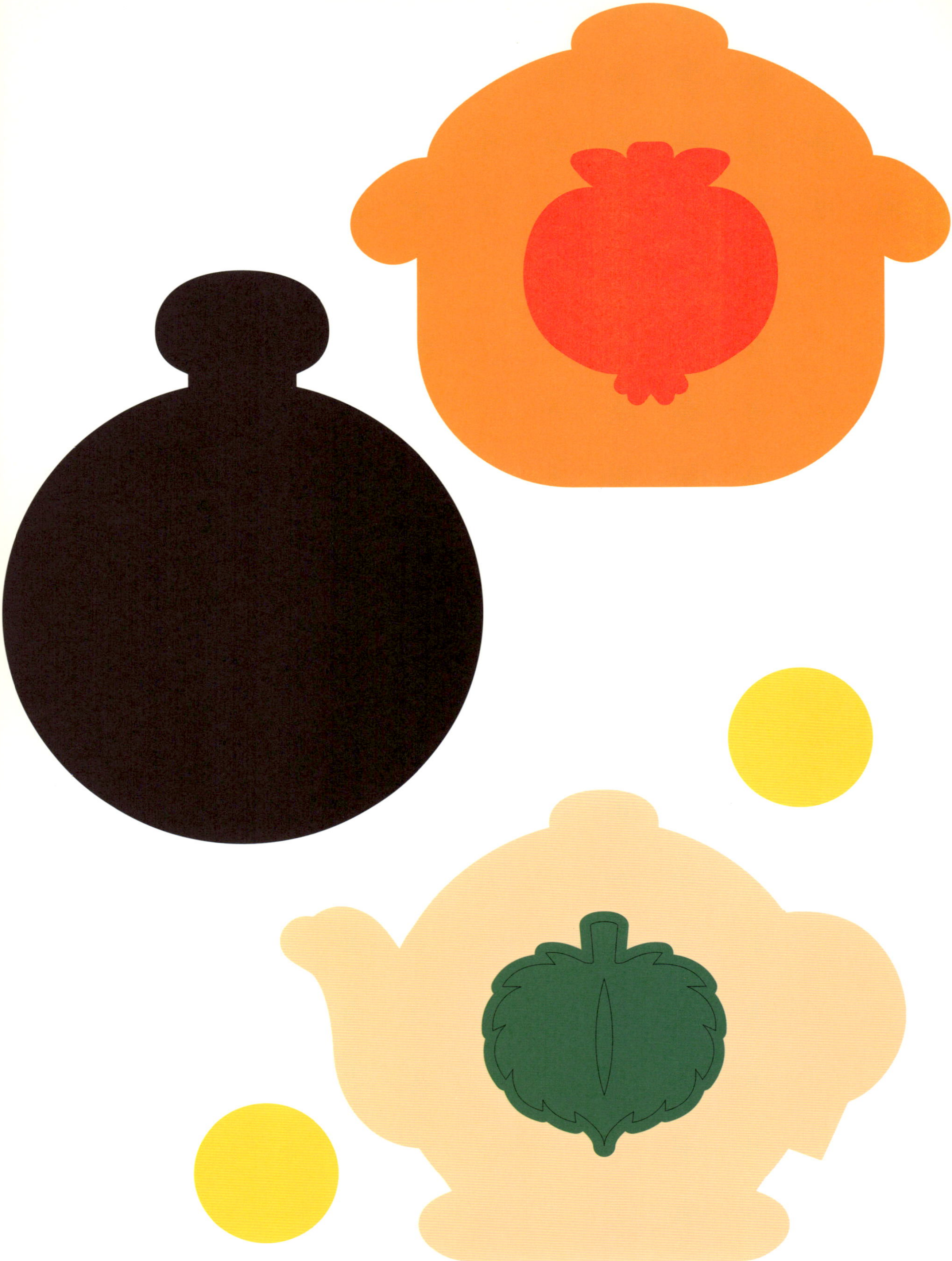

作り方 ── **P18**

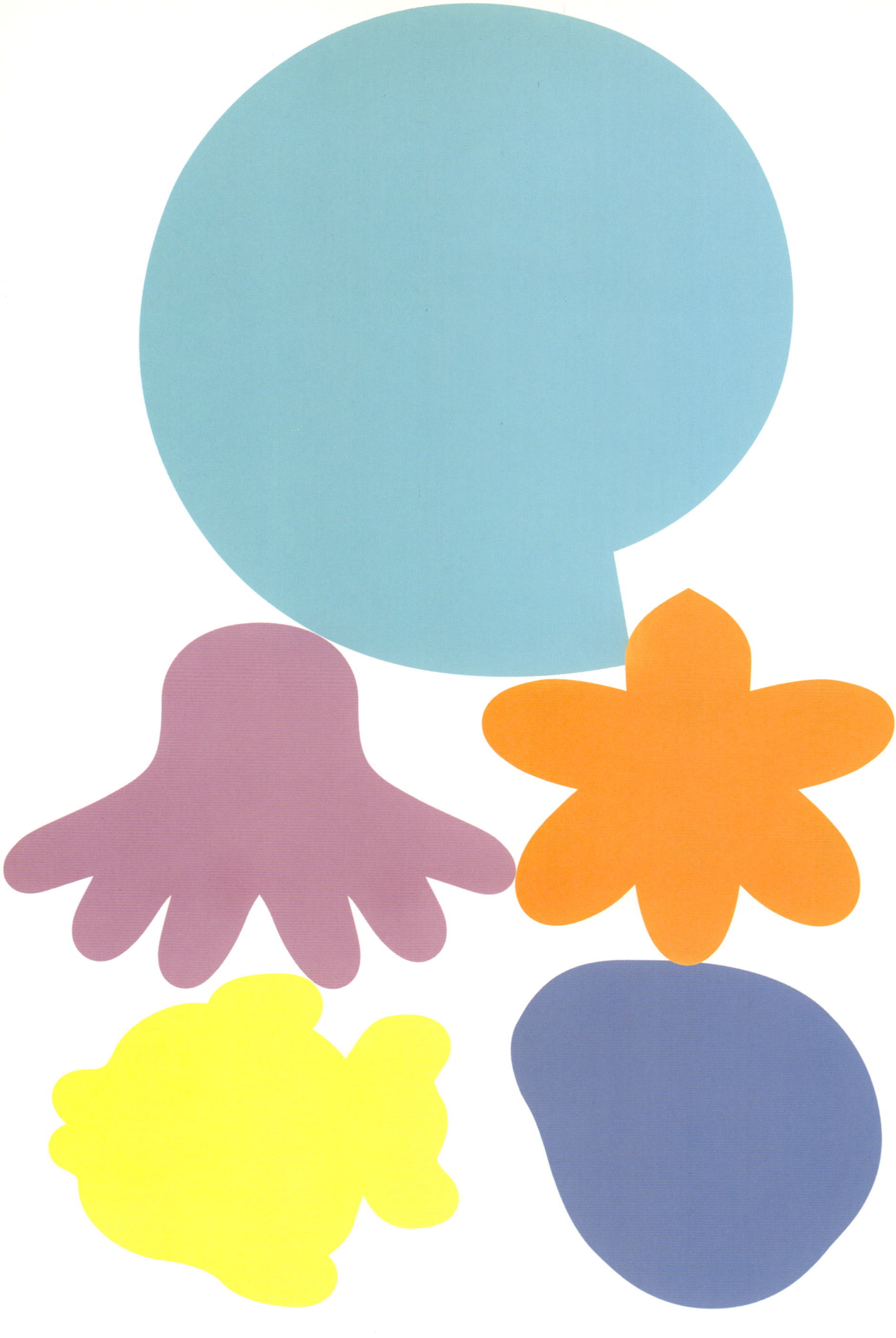

作り方 ——→ **P19**

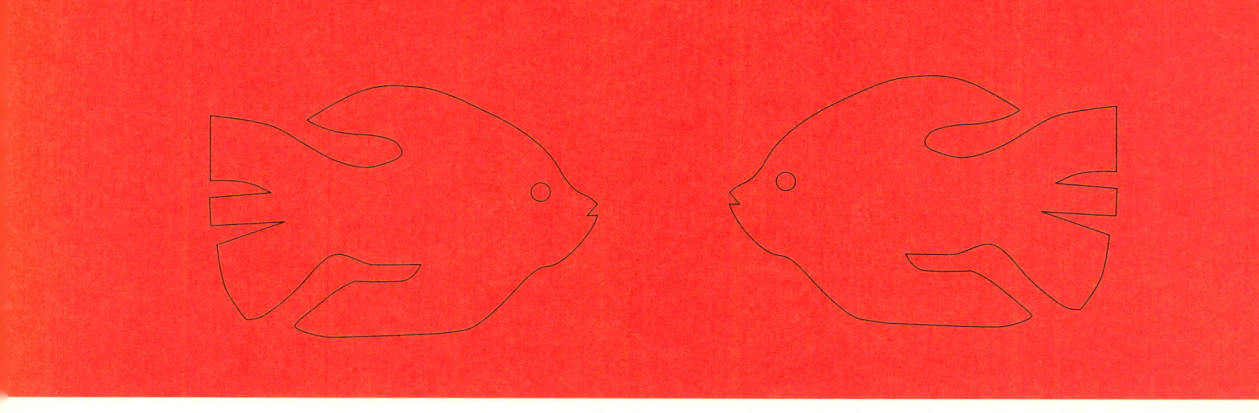

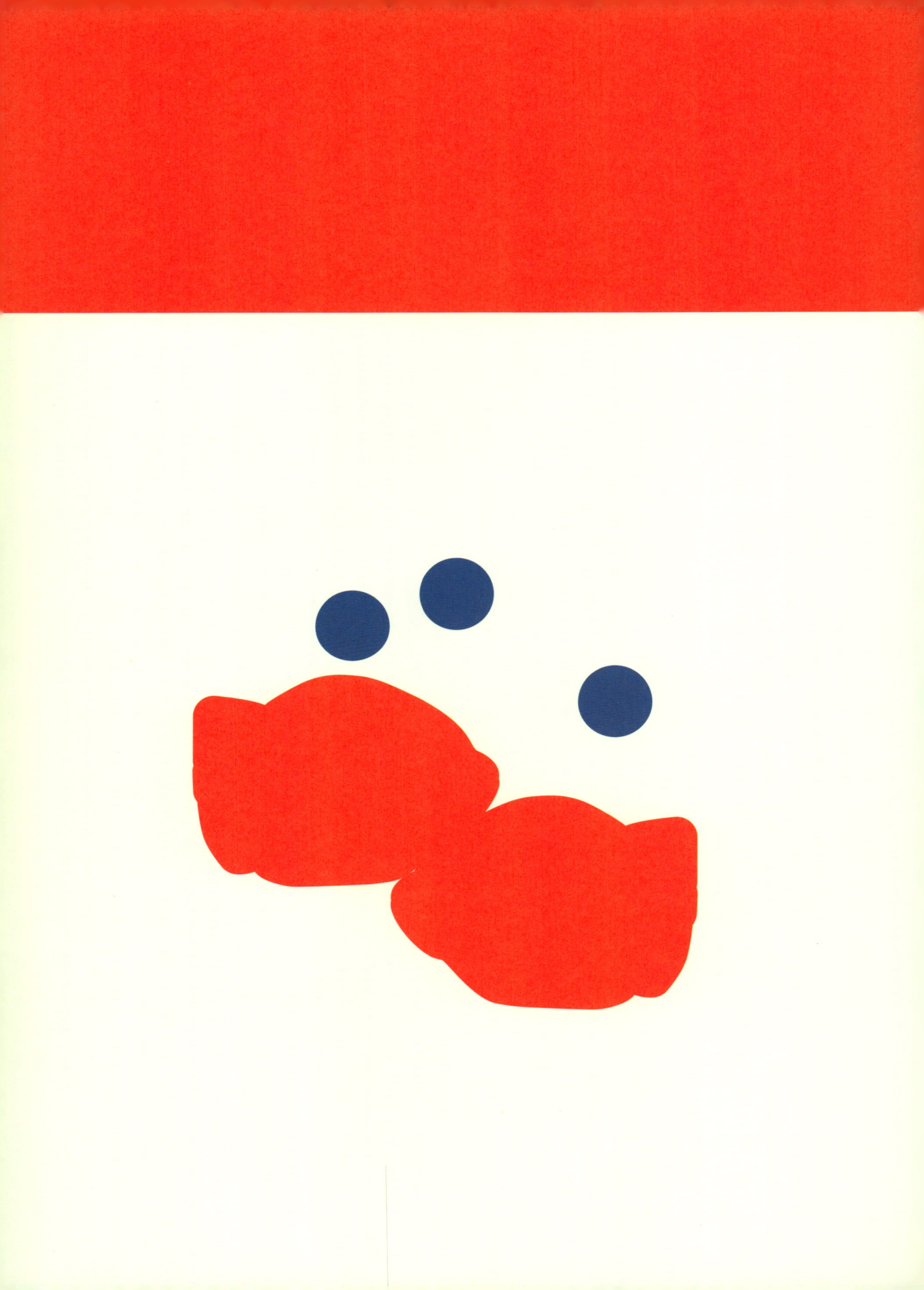

作り方 → **P20**

作り方 ⟶ **P21**

作り方 ──── **P29**

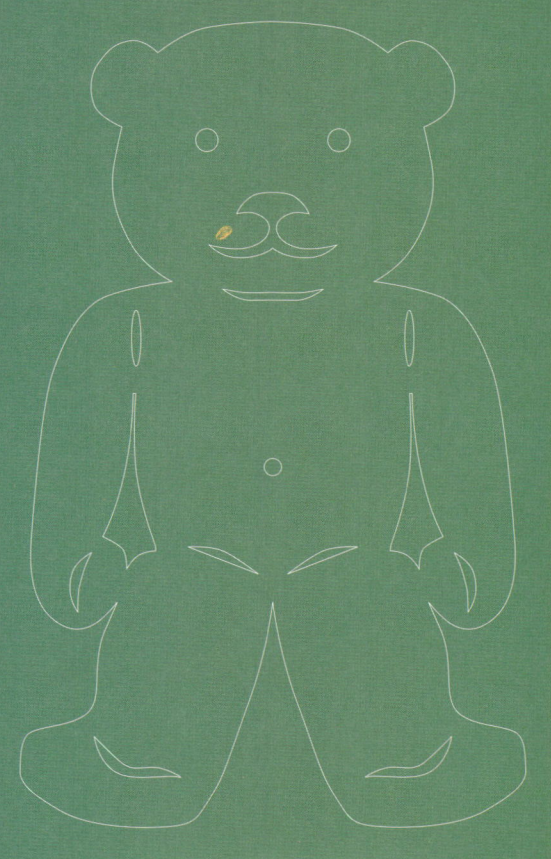

作り方 → **P30**

作り方 → **P32**

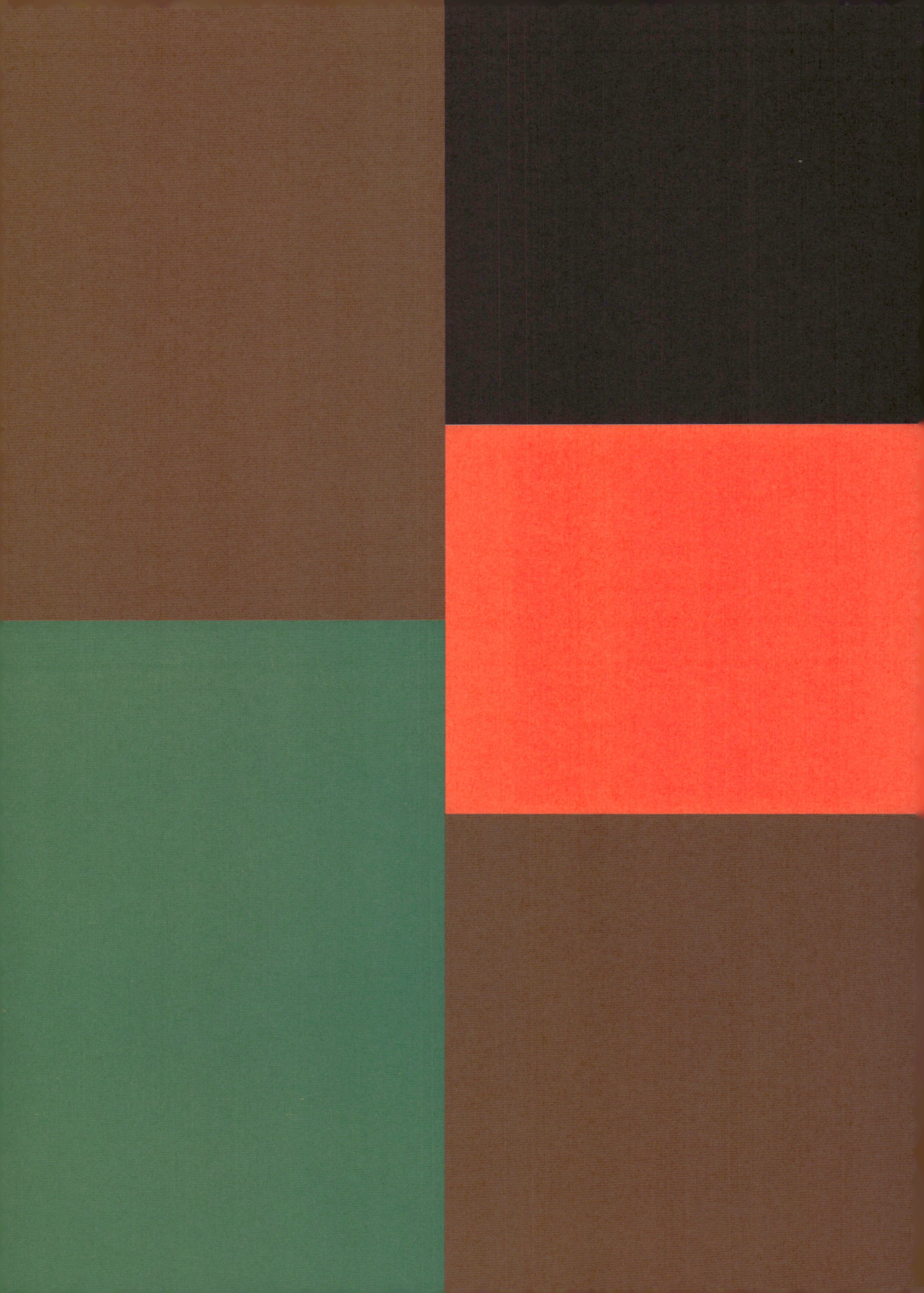

作り方 ⟶ **P31**

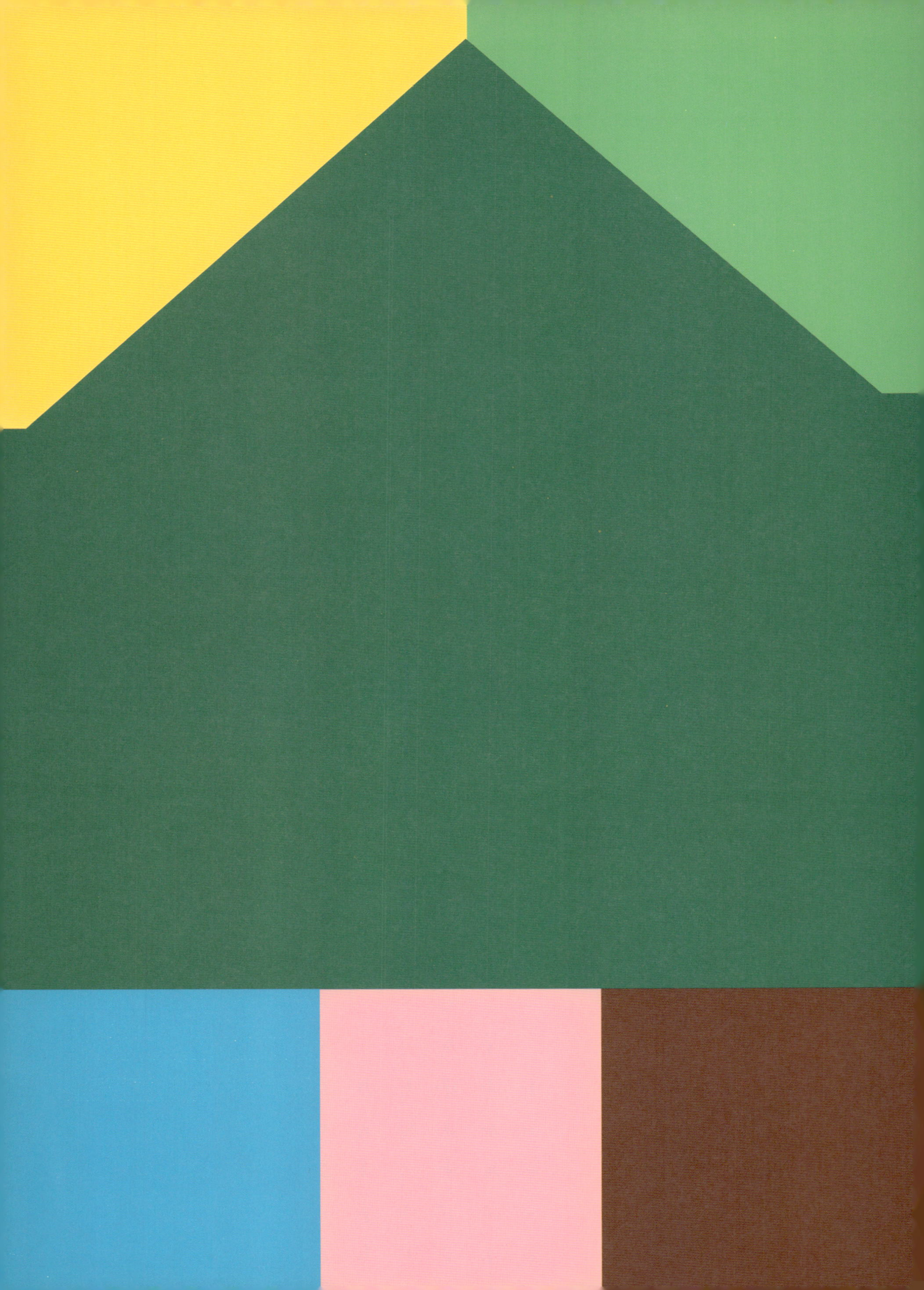

作り方 → **P33**

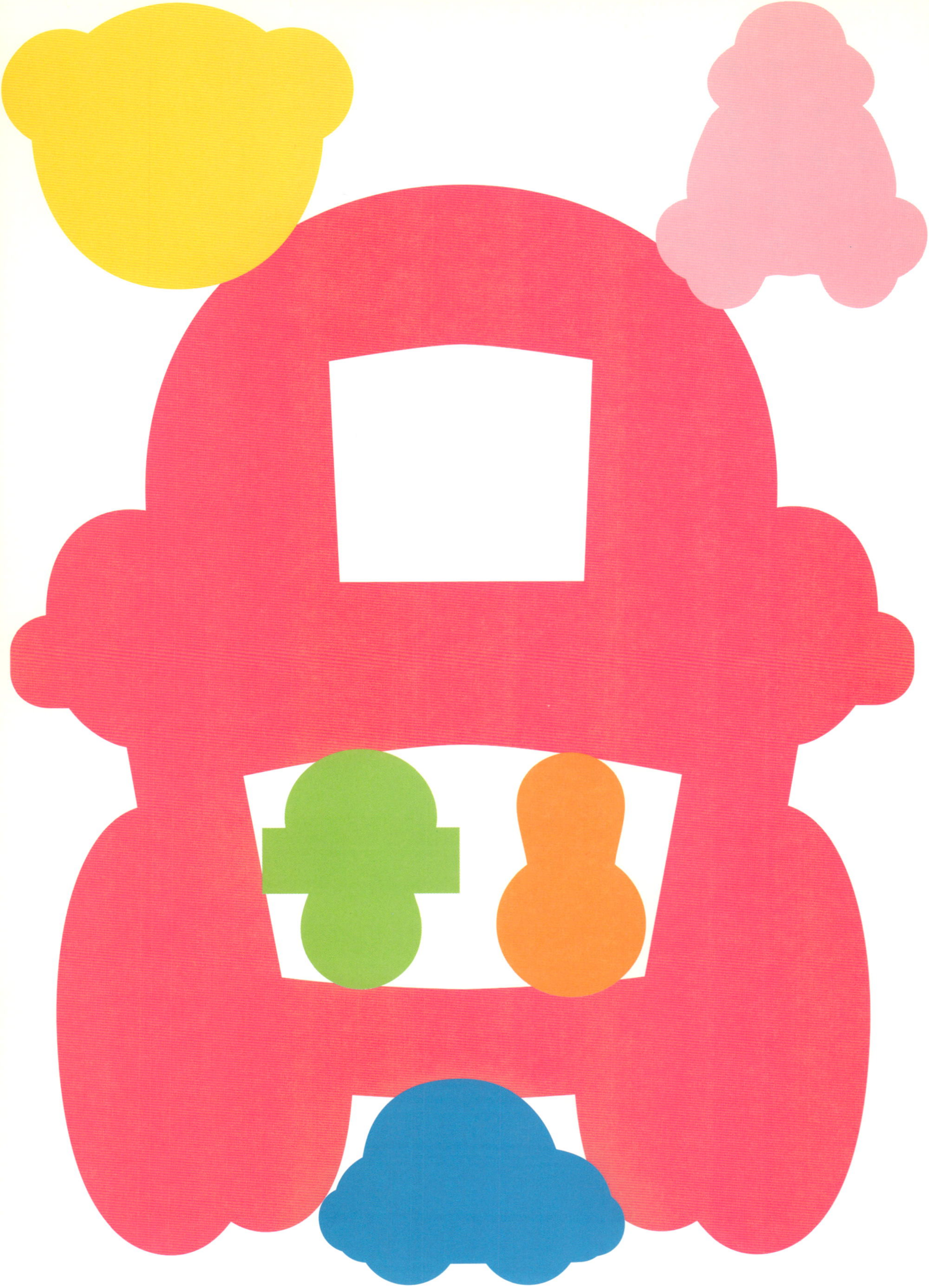

作り方 → **P36**

作り方 → **P42**

作り方 → **P43**

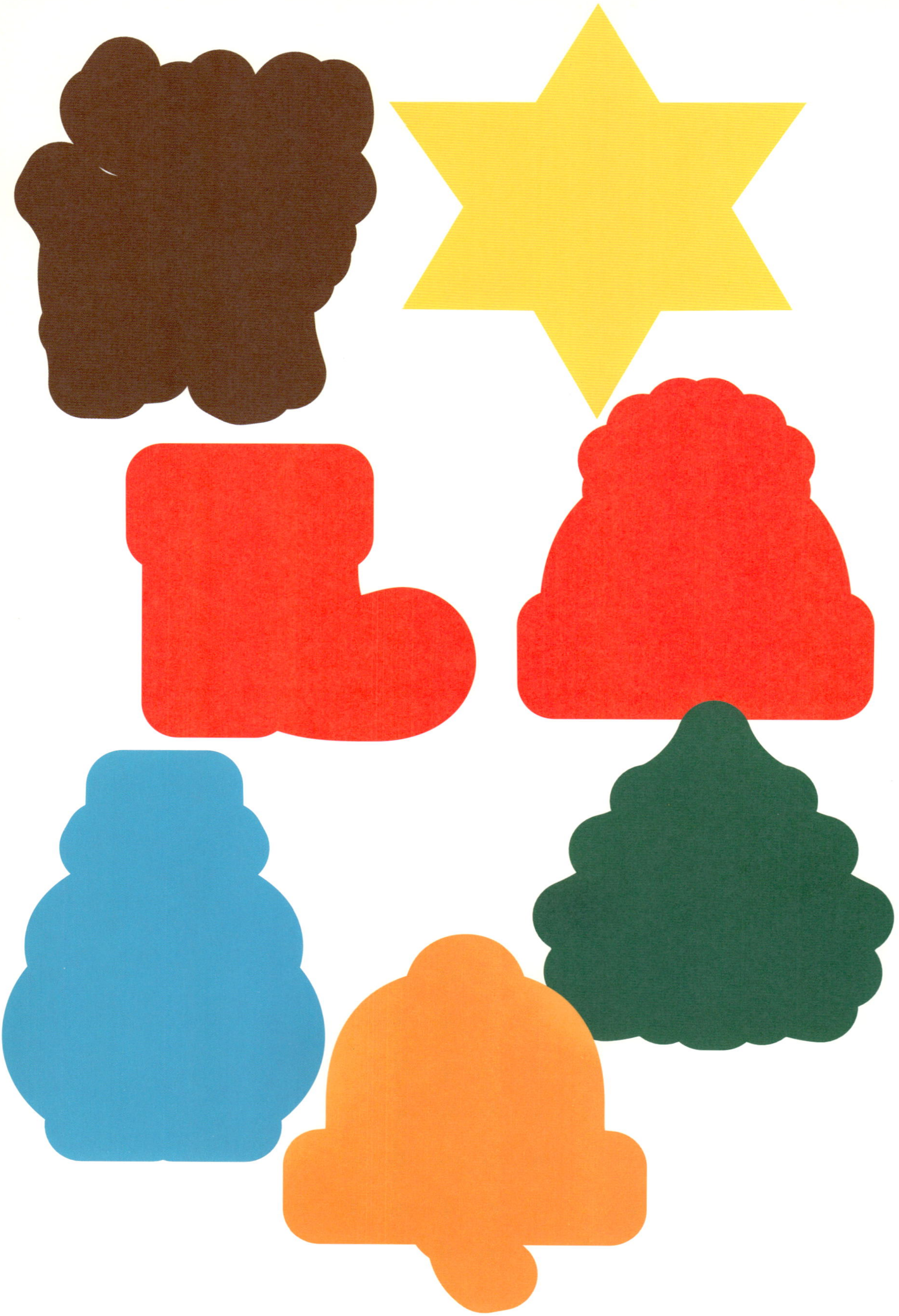

作り方 → **P45**

作り方 → **P45**

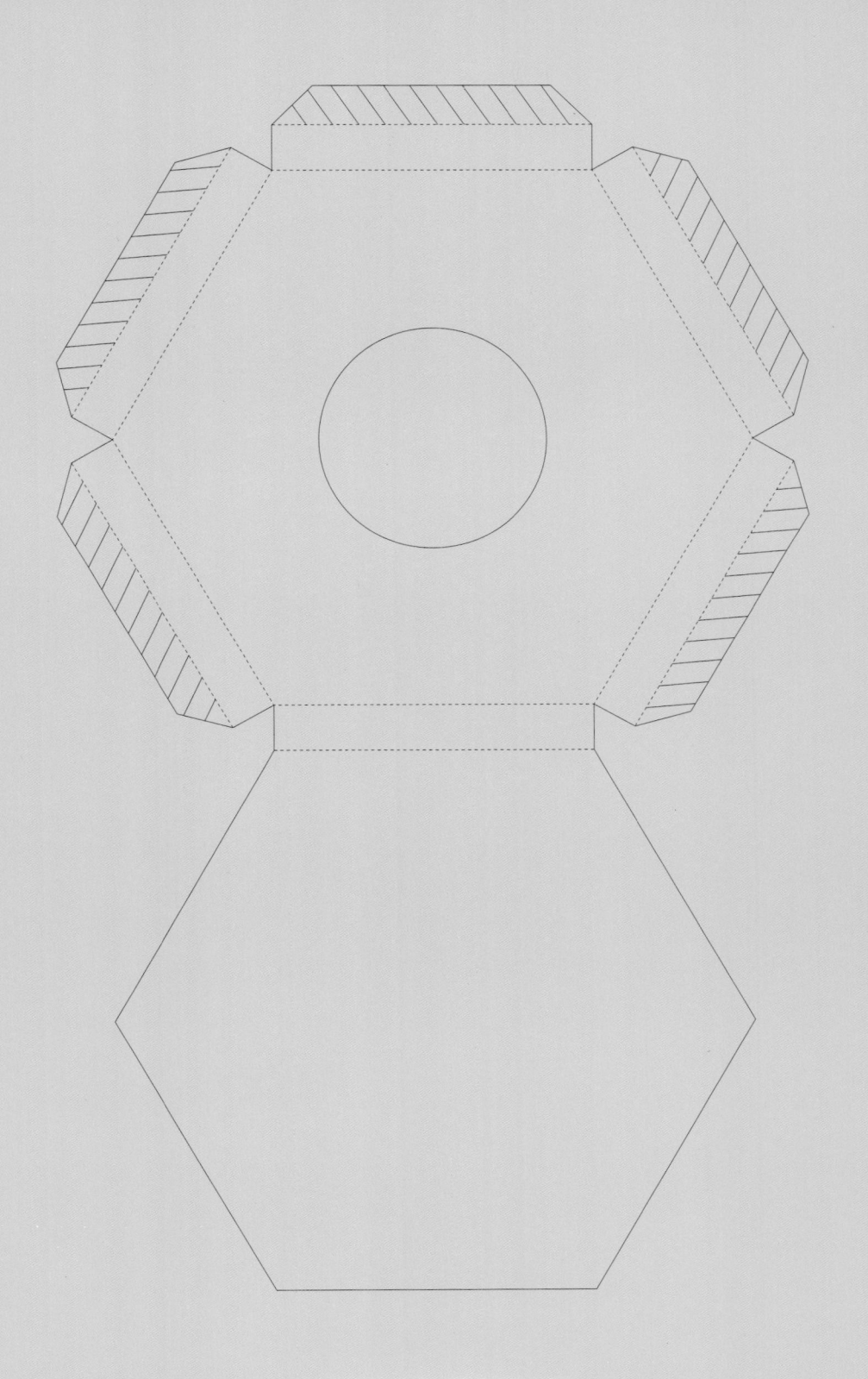

アンデルセンの国・デンマークから
繊細で愛らしい
モビールの世界を紹介

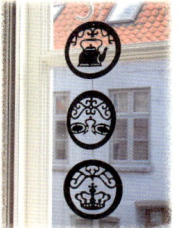

デンマークモビール・ウロ
http://denmark-uro.ocnk.net/

　デンマークモビール・ウロは、デンマークのボーゲンセという街を拠点に、日本のファンに、繊細で愛らしいデンマークモビールの世界を紹介、販売するオンラインショップです。

　さまざまなテーマで楽しいモチーフを切り出したユニークなモビールは、ホームページを見ているだけでも楽しい。

　モビールはすべて受注後に手作り。モビールによっては、色のバリエーションが豊富で、お部屋に合った色を選べます。デンマークからのエアーメール発送だから、待つ時間も楽しみというもの。

　モビールを飾れば、たちまちそこは北欧の窓辺。大切な人へのお祝いや贈り物に、またグリーティングカードがわりに封筒に入れて送っても、素敵ですね。

※取り扱い商品そのほか、詳しくはデンマークモビール・ウロのサイトをご覧ください。

著者
Jens Funder-Nielsen
イェンス・ファンダー・ニルセン

デンマークモビールのデザイナー。自分の子どものために作ったモビール作品が人々の目にとまり、1997年、最初のモビールの本を出版。ユニークで洗練されたデザインには定評がある。とくに、「読むたびに新しい感動を与えてくれる」という、アンデルセン童話を題材にした作品は、オーデンセのアンデルセン博物館でも人気。日本でも、2007年に『北欧の切り紙 デンマークのかわいいモビール』(池田書店)が出版された。

作品製作
田尻知子
たじり ともこ

デンマークモビール・ウロ(http://denmark-uro.ocnk.net/)代表。中学3年間をデンマークで過ごし、デンマークの切り絵と出会ってその魅力のとりこに。短大卒業後、再びデンマークに渡り、ホイスコーレ(国民高等学校)でデンマークの文化と伝統工芸を学ぶ。2006年、イェンス・ファンダー・ニルセン氏はじめ地元のモビールデザイナーの協力を得て、デンマークモビール・ウロを設立。デンマークモビールの世界を通して、デンマーク文化とモビールのほのぼのとした幸福感を日本のファンに紹介する。デンマーク在住。

STAFF

アートディレクション	瀬川卓司(Killigraph)
撮影	小塚恭子
スタイリング	小野寺祐子
イラストレーション	霧生さなえ
編集・制作	株式会社 童夢

北欧の切り紙 インテリア・モビール

●協定により検印省略

著 者	Jens Funder-Nielsen
発行者	池田 豊
印刷所	株式会社光邦
製本所	株式会社光邦
発行所	株式会社池田書店
	〒162-0851　東京都新宿区弁天町43番地
	電話03-3267-6821(代)／振替00120-9-60072

落丁、乱丁はお取り替えいたします。
©Jens Funder-Nielsen, Denmarkmobil-uro 2008, Printed in Japan
ISBN978-4-262-15267-7

本書の内容の一部または全部を無断で複写複製(コピー)することは、法律で認められた場合を除き、著作者および出版社の権利の侵害となりますので、その場合はあらかじめ小社あてに許諾を求めてください。